Heute bin ich dankbar für...

....

....

....

....

Das ist heute gut gelaufen...

....

....

....

....

Das habe heute gut gemacht...

....

....

....

....

Das haben andere heute für mich getan...

....

....

....

Heute bin ich dankbar für...

Das ist heute gut gelaufen...

Das habe heute gut gemacht...

Das haben andere heute für mich getan...

Heute bin ich dankbar für...

....

....

....

Das ist heute gut gelaufen...

....

....

....

Das habe heute gut gemacht...

....

....

....

Das haben andere heute für mich getan...

....

....

....

Heute bin ich dankbar für...

Das ist heute gut gelaufen...

Das habe heute gut gemacht...

Das haben andere heute für mich getan...

Heute bin ich dankbar für...

Das ist heute gut gelaufen...

Das habe heute gut gemacht...

Das haben andere heute für mich getan...

Heute bin ich dankbar für...

Das ist heute gut gelaufen...

Das habe heute gut gemacht...

Das haben andere heute für mich getan...

Heute bin ich dankbar für...

Das ist heute gut gelaufen...

Das habe heute gut gemacht...

Das haben andere heute für mich getan...

Heute bin ich dankbar für...

Das ist heute gut gelaufen...

Das habe heute gut gemacht...

Das haben andere heute für mich getan...

Heute bin ich dankbar für...

Das ist heute gut gelaufen...

Das habe heute gut gemacht...

Das haben andere heute für mich getan...

Heute bin ich dankbar für...

Das ist heute gut gelaufen...

Das habe heute gut gemacht...

Das haben andere heute für mich getan...

Heute bin ich dankbar für...

Das ist heute gut gelaufen...

Das habe heute gut gemacht...

Das haben andere heute für mich getan...

Heute bin ich dankbar für...

Das ist heute gut gelaufen...

Das habe heute gut gemacht...

Das haben andere heute für mich getan...

Heute bin ich dankbar für...

....

....

....

Das ist heute gut gelaufen...

....

....

....

Das habe heute gut gemacht...

....

....

....

Das haben andere heute für mich getan...

....

....

....

Heute bin ich dankbar für...

....

....

....

Das ist heute gut gelaufen...

....

....

....

Das habe heute gut gemacht...

....

....

....

Das haben andere heute für mich getan...

....

....

....

Heute bin ich dankbar für...

....

....

....

Das ist heute gut gelaufen...

....

....

....

Das habe heute gut gemacht...

....

....

....

Das haben andere heute für mich getan...

....

....

....

Heute bin ich dankbar für...

....

....

....

Das ist heute gut gelaufen...

....

....

....

Das habe heute gut gemacht...

....

....

....

Das haben andere heute für mich getan...

....

....

....

Heute bin ich dankbar für...

Das ist heute gut gelaufen...

Das habe heute gut gemacht...

Das haben andere heute für mich getan...

Heute bin ich dankbar für...

....
....
....

Das ist heute gut gelaufen...

....
....
....

Das habe heute gut gemacht...

....
....
....

Das haben andere heute für mich getan...

....
....
....

Heute bin ich dankbar für...

Das ist heute gut gelaufen...

Das habe heute gut gemacht...

Das haben andere heute für mich getan...

Datum: ....

Heute bin ich dankbar für...

Das ist heute gut gelaufen...

Das habe heute gut gemacht...

Das haben andere heute für mich getan...

Heute bin ich dankbar für...

Das ist heute gut gelaufen...

Das habe heute gut gemacht...

Das haben andere heute für mich getan...

Heute bin ich dankbar für...

Das ist heute gut gelaufen...

Das habe heute gut gemacht...

Das haben andere heute für mich getan...

Heute bin ich dankbar für...

Das ist heute gut gelaufen...

Das habe heute gut gemacht...

Das haben andere heute für mich getan...

Heute bin ich dankbar für...

....

....

....

Das ist heute gut gelaufen...

....

....

....

Das habe heute gut gemacht...

....

....

....

Das haben andere heute für mich getan...

....

....

....

Heute bin ich dankbar für...

Das ist heute gut gelaufen...

Das habe heute gut gemacht...

Das haben andere heute für mich getan...

Heute bin ich dankbar für...

Das ist heute gut gelaufen...

Das habe heute gut gemacht...

Das haben andere heute für mich getan...

Heute bin ich dankbar für...

Das ist heute gut gelaufen...

Das habe heute gut gemacht...

Das haben andere heute für mich getan...

Heute bin ich dankbar für...

Das ist heute gut gelaufen...

Das habe heute gut gemacht...

Das haben andere heute für mich getan...

Heute bin ich dankbar für...

Das ist heute gut gelaufen...

Das habe heute gut gemacht...

Das haben andere heute für mich getan...

Heute bin ich dankbar für...

Das ist heute gut gelaufen...

Das habe heute gut gemacht...

Das haben andere heute für mich getan...

Heute bin ich dankbar für...

Das ist heute gut gelaufen...

Das habe heute gut gemacht...

Das haben andere heute für mich getan...

Heute bin ich dankbar für...

Das ist heute gut gelaufen...

Das habe heute gut gemacht...

Das haben andere heute für mich getan...

Heute bin ich dankbar für...

Das ist heute gut gelaufen...

Das habe heute gut gemacht...

Das haben andere heute für mich getan...

Heute bin ich dankbar für...

Das ist heute gut gelaufen...

Das habe heute gut gemacht...

Das haben andere heute für mich getan...

Heute bin ich dankbar für...

Das ist heute gut gelaufen...

Das habe heute gut gemacht...

Das haben andere heute für mich getan...

Heute bin ich dankbar für...

Das ist heute gut gelaufen...

Das habe heute gut gemacht...

Das haben andere heute für mich getan...

Heute bin ich dankbar für...

Das ist heute gut gelaufen...

Das habe heute gut gemacht...

Das haben andere heute für mich getan...

Heute bin ich dankbar für...

Das ist heute gut gelaufen...

Das habe heute gut gemacht...

Das haben andere heute für mich getan...

Heute bin ich dankbar für...

Das ist heute gut gelaufen...

Das habe heute gut gemacht...

Das haben andere heute für mich getan...

Heute bin ich dankbar für...

Das ist heute gut gelaufen...

Das habe heute gut gemacht...

Das haben andere heute für mich getan...

Heute bin ich dankbar für...

Das ist heute gut gelaufen...

Das habe heute gut gemacht...

Das haben andere heute für mich getan...

Heute bin ich dankbar für...

Das ist heute gut gelaufen...

Das habe heute gut gemacht...

Das haben andere heute für mich getan...

Heute bin ich dankbar für...

Das ist heute gut gelaufen...

Das habe heute gut gemacht...

Das haben andere heute für mich getan...

Heute bin ich dankbar für...

....
....
....

Das ist heute gut gelaufen...

....
....
....

Das habe heute gut gemacht...

....
....
....

Das haben andere heute für mich getan...

....
....
....

Heute bin ich dankbar für...

Das ist heute gut gelaufen...

Das habe heute gut gemacht...

Das haben andere heute für mich getan...

Heute bin ich dankbar für...

Das ist heute gut gelaufen...

Das habe heute gut gemacht...

Das haben andere heute für mich getan...

Heute bin ich dankbar für...

Das ist heute gut gelaufen...

Das habe heute gut gemacht...

Das haben andere heute für mich getan...

Datum: ....

Heute bin ich dankbar für...

Das ist heute gut gelaufen...

Das habe heute gut gemacht...

Das haben andere heute für mich getan...

Heute bin ich dankbar für...

....

....

....

Das ist heute gut gelaufen...

....

....

....

Das habe heute gut gemacht...

....

....

....

Das haben andere heute für mich getan...

....

....

....

Heute bin ich dankbar für...

Das ist heute gut gelaufen...

Das habe heute gut gemacht...

Das haben andere heute für mich getan...

Heute bin ich dankbar für...

Das ist heute gut gelaufen...

Das habe heute gut gemacht...

Das haben andere heute für mich getan...

Datum: ....

Heute bin ich dankbar für...

....

....

....

Das ist heute gut gelaufen...

....

....

....

Das habe heute gut gemacht...

....

....

....

Das haben andere heute für mich getan...

....

....

....

Heute bin ich dankbar für...

....

....

....

Das ist heute gut gelaufen...

....

....

....

Das habe heute gut gemacht...

....

....

....

Das haben andere heute für mich getan...

....

....

....

Heute bin ich dankbar für...

Das ist heute gut gelaufen...

Das habe heute gut gemacht...

Das haben andere heute für mich getan...

Heute bin ich dankbar für...

Das ist heute gut gelaufen...

Das habe heute gut gemacht...

Das haben andere heute für mich getan...

Heute bin ich dankbar für...

Das ist heute gut gelaufen...

Das habe heute gut gemacht...

Das haben andere heute für mich getan...

Heute bin ich dankbar für...

Das ist heute gut gelaufen...

Das habe heute gut gemacht...

Das haben andere heute für mich getan...

Heute bin ich dankbar für...

Das ist heute gut gelaufen...

Das habe heute gut gemacht...

Das haben andere heute für mich getan...

Heute bin ich dankbar für...

Das ist heute gut gelaufen...

Das habe heute gut gemacht...

Das haben andere heute für mich getan...

Heute bin ich dankbar für...

Das ist heute gut gelaufen...

Das habe heute gut gemacht...

Das haben andere heute für mich getan...

Heute bin ich dankbar für...

....

....

....

Das ist heute gut gelaufen...

....

....

....

Das habe heute gut gemacht...

....

....

....

Das haben andere heute für mich getan...

....

....

....

Heute bin ich dankbar für...

....
....
....

Das ist heute gut gelaufen...

....
....
....

Das habe heute gut gemacht...

....
....
....

Das haben andere heute für mich getan...

....
....
....

Heute bin ich dankbar für...

Das ist heute gut gelaufen...

Das habe heute gut gemacht...

Das haben andere heute für mich getan...

Heute bin ich dankbar für…

Das ist heute gut gelaufen…

Das habe heute gut gemacht…

Das haben andere heute für mich getan…

Heute bin ich dankbar für...

Das ist heute gut gelaufen...

Das habe heute gut gemacht...

Das haben andere heute für mich getan...

Heute bin ich dankbar für...

....

....

....

Das ist heute gut gelaufen...

....

....

....

Das habe heute gut gemacht...

....

....

....

Das haben andere heute für mich getan...

....

....

....

Heute bin ich dankbar für...

Das ist heute gut gelaufen...

Das habe heute gut gemacht...

Das haben andere heute für mich getan...

Heute bin ich dankbar für...

Das ist heute gut gelaufen...

Das habe heute gut gemacht...

Das haben andere heute für mich getan...

Heute bin ich dankbar für...

Das ist heute gut gelaufen...

Das habe heute gut gemacht...

Das haben andere heute für mich getan...

Heute bin ich dankbar für...

Das ist heute gut gelaufen...

Das habe heute gut gemacht...

Das haben andere heute für mich getan...

Heute bin ich dankbar für...

Das ist heute gut gelaufen...

Das habe heute gut gemacht...

Das haben andere heute für mich getan...

Heute bin ich dankbar für...

....

....

....

Das ist heute gut gelaufen...

....

....

....

Das habe heute gut gemacht...

....

....

....

Das haben andere heute für mich getan...

....

....

....

Heute bin ich dankbar für...

Das ist heute gut gelaufen...

Das habe heute gut gemacht...

Das haben andere heute für mich getan...

Heute bin ich dankbar für...

....

....

....

Das ist heute gut gelaufen...

....

....

....

Das habe heute gut gemacht...

....

....

....

Das haben andere heute für mich getan...

....

....

....

Heute bin ich dankbar für...

Das ist heute gut gelaufen...

Das habe heute gut gemacht...

Das haben andere heute für mich getan...

Heute bin ich dankbar für...

Das ist heute gut gelaufen...

Das habe heute gut gemacht...

Das haben andere heute für mich getan...

Heute bin ich dankbar für...

Das ist heute gut gelaufen...

Das habe heute gut gemacht...

Das haben andere heute für mich getan...

Heute bin ich dankbar für...

Das ist heute gut gelaufen...

Das habe heute gut gemacht...

Das haben andere heute für mich getan...

Heute bin ich dankbar für...

....

....

....

Das ist heute gut gelaufen...

....

....

....

Das habe heute gut gemacht...

....

....

....

Das haben andere heute für mich getan...

....

....

....

Heute bin ich dankbar für...

Das ist heute gut gelaufen...

Das habe heute gut gemacht...

Das haben andere heute für mich getan...

Heute bin ich dankbar für...

Das ist heute gut gelaufen...

Das habe heute gut gemacht...

Das haben andere heute für mich getan...

Heute bin ich dankbar für...

Das ist heute gut gelaufen...

Das habe heute gut gemacht...

Das haben andere heute für mich getan...

Heute bin ich dankbar für...

Das ist heute gut gelaufen...

Das habe heute gut gemacht...

Das haben andere heute für mich getan...

Heute bin ich dankbar für...

Das ist heute gut gelaufen...

Das habe heute gut gemacht...

Das haben andere heute für mich getan...

Heute bin ich dankbar für...

Das ist heute gut gelaufen...

Das habe heute gut gemacht...

Das haben andere heute für mich getan...

Heute bin ich dankbar für...

Das ist heute gut gelaufen...

Das habe heute gut gemacht...

Das haben andere heute für mich getan...

Heute bin ich dankbar für...

Das ist heute gut gelaufen...

Das habe heute gut gemacht...

Das haben andere heute für mich getan...

Heute bin ich dankbar für...

Das ist heute gut gelaufen...

Das habe heute gut gemacht...

Das haben andere heute für mich getan...

Heute bin ich dankbar für...

....

....

....

....

Das ist heute gut gelaufen...

....

....

....

Das habe heute gut gemacht...

....

....

....

Das haben andere heute für mich getan...

....

....

....

Heute bin ich dankbar für...

Das ist heute gut gelaufen...

Das habe heute gut gemacht...

Das haben andere heute für mich getan...

Heute bin ich dankbar für...

Das ist heute gut gelaufen...

Das habe heute gut gemacht...

Das haben andere heute für mich getan...

Heute bin ich dankbar für...

Das ist heute gut gelaufen...

Das habe heute gut gemacht...

Das haben andere heute für mich getan...

Heute bin ich dankbar für...

Das ist heute gut gelaufen...

Das habe heute gut gemacht...

Das haben andere heute für mich getan...

Heute bin ich dankbar für...

Das ist heute gut gelaufen...

Das habe heute gut gemacht...

Das haben andere heute für mich getan...

Heute bin ich dankbar für...

Das ist heute gut gelaufen...

Das habe heute gut gemacht...

Das haben andere heute für mich getan...

Heute bin ich dankbar für...

Das ist heute gut gelaufen...

Das habe heute gut gemacht...

Das haben andere heute für mich getan...

Heute bin ich dankbar für...

Das ist heute gut gelaufen...

Das habe heute gut gemacht...

Das haben andere heute für mich getan...

Heute bin ich dankbar für...

Das ist heute gut gelaufen...

Das habe heute gut gemacht...

Das haben andere heute für mich getan...

Heute bin ich dankbar für...

....

....

....

Das ist heute gut gelaufen...

....

....

....

Das habe heute gut gemacht...

....

....

....

Das haben andere heute für mich getan...

....

....

....

Heute bin ich dankbar für...

Das ist heute gut gelaufen...

Das habe heute gut gemacht...

Das haben andere heute für mich getan...

Heute bin ich dankbar für...

Das ist heute gut gelaufen...

Das habe heute gut gemacht...

Das haben andere heute für mich getan...

Heute bin ich dankbar für...

Das ist heute gut gelaufen...

Das habe heute gut gemacht...

Das haben andere heute für mich getan...

Heute bin ich dankbar für...

Das ist heute gut gelaufen...

Das habe heute gut gemacht...

Das haben andere heute für mich getan...

Heute bin ich dankbar für...

Das ist heute gut gelaufen...

Das habe heute gut gemacht...

Das haben andere heute für mich getan...

Heute bin ich dankbar für...

....

....

....

Das ist heute gut gelaufen...

....

....

....

Das habe heute gut gemacht...

....

....

....

Das haben andere heute für mich getan...

....

....

....

Heute bin ich dankbar für...

Das ist heute gut gelaufen...

Das habe heute gut gemacht...

Das haben andere heute für mich getan...

Heute bin ich dankbar für...

Das ist heute gut gelaufen...

Das habe heute gut gemacht...

Das haben andere heute für mich getan...

Datum: ....

Heute bin ich dankbar für...

Das ist heute gut gelaufen...

Das habe heute gut gemacht...

Das haben andere heute für mich getan...

Heute bin ich dankbar für...

Das ist heute gut gelaufen...

Das habe heute gut gemacht...

Das haben andere heute für mich getan...

Impressum
Karina Leitner
Herler Str. 101
51067 Köln